Robert [illegible]

Fröhlich alt

Gedichte über das Alter

Mit Zeichnungen von

Tomi Ungerer

Verlag der
Buchhandlung
Walther König,
Köln

Nichts tun

Man soll nicht rasten und nicht ruh'n,
bis man gelernt hat, nichts zu tun.

Lieber Robert Pütz,
über die Größenunterschiede zwischen Dichtern kann man trefflich streiten, nicht aber über die Tatsache, dass ein Zweizeiler wie „Nichts tun" hell und schnell ist. Das nur als Beispiel dafür, dass mir Ihre Gedichte gefallen.

Ihr Robert Gernhardt

Layout: Heinz Edelmann, Margit Bürger
Herstellung: Plitt Printmanagement, Oberhausen

Erschienen im
Verlag der Buchhandlung Walther König, Köln
Ehrenstr. 4, 50672 Köln
Tel. +49 (0) 221 / 20 59 6-53
Fax +49 (0) 221 / 20 59 6-60
Email: verlag@buchhandlung-walther-koenig.de

Die Deutsche Nationalbibliothek verzeichnet diese Publikation in der Deutschen Nationalbibliografie; detaillierte bibliografische Daten sind über http://dnb.d-nb.de abrufbar.

Printed in Germany

ISBN: 978-3-86560-720-1

Für meinen Freund
Heinz Edelmann

Wenn man auch ***noch so alt*** *wird, so fühlt man doch im Innern sich ganz und gar als denselben, der man war, als man jung, ja, als man ein Kind war: Dieses was unverändert, stets ganz dasselbe bleibt und nicht mitaltert ist eben Kern unseres Wesens, der* ***nicht in der Zeit*** *liegt und eben deshalb ein Leben lang unzerstörbar ist.*

Arthur Schopenhauer (1854)

Fröhlich alt

Fröhlich alt möcht man gern werden,
frei von Krankheit und Beschwerden.
Wobei der Mensch zumeist vergisst,
dass die Natur nicht fröhlich ist.

Zeitgefühl

Ohne Zeitgefühl zu leben,
ja, das würde mich erheben
über Ängste, über Sorgen,
denn es gäbe ja kein Morgen.
Man lebte nur im hier und heute.
Der Tod wär was für andere Leute.

Nager

Es nagt die Zeit an meinen Tagen.
Das Alter nagt mit seinen Plagen.
Ängste nagen an der Seele.
Es nagt und nagt, dass ich mich quäle.
Verdammte Nager, lasst das sein,
sonst schlag ich euch die Zähne ein.

Pumpe

Mal klopft die Pumpe und mal nicht,
was will mein Herz mir sagen?
„Wenn du nicht tust, was ich begehr,
dann hör ich auf zu schlagen:
Friss nicht zuviel und nicht zu fettig,
bewege fleißig deinen Wanst,
verlier mich nicht an falsche Freunde,
bleib so gelassen, wie du kannst.“
Herz, ich lasse mich nicht lumpen,
doch sollst du 100 Jahre pumpen.

Alt werden

Alt werden will ein jeder,
doch keiner will alt sein.
In Gesundheit sterben
möcht´ man obendrein.

Der Tod gehört zum Leben,
so der Weise spricht.
Wissen tun wir´s alle.
Doch glauben tun wir´s nicht.

Proportion

Mein Kater liegt auf meinem Schoß,
genießend meine Wärme.
Wär er wie ein Tiger groß,
fräß er mein Gedärme.
Eintracht ist, wie öfter schon,
eine Frage nur der Proportion.

Der Stein

Ein Nierenstein sich einst verklemmte,
den Abfluss von der Niere hemmte.
Die Kolik folgte hinterher.
Ein Mensch im Schmerz: „Ich kann nicht mehr."
Da ward dem Stein auf einmal klar,
was für ein harter Kerl er war.
Zwar hässlich, unscheinbar und klein,
brutal, sadistisch und gemein -
doch in der Wirkung gnadenlos.
Er fühlt sich mächtig, prächtig, groß,
dieweil er seinen Menschen schindet,
der sich vor Nierenschmerzen windet.
Das hat den Stein nicht sehr gekümmert.
Ein Laserstrahl hat ihn zertrümmert.

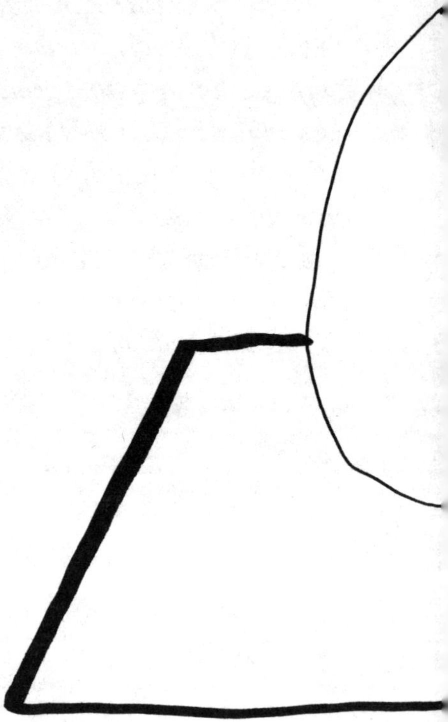

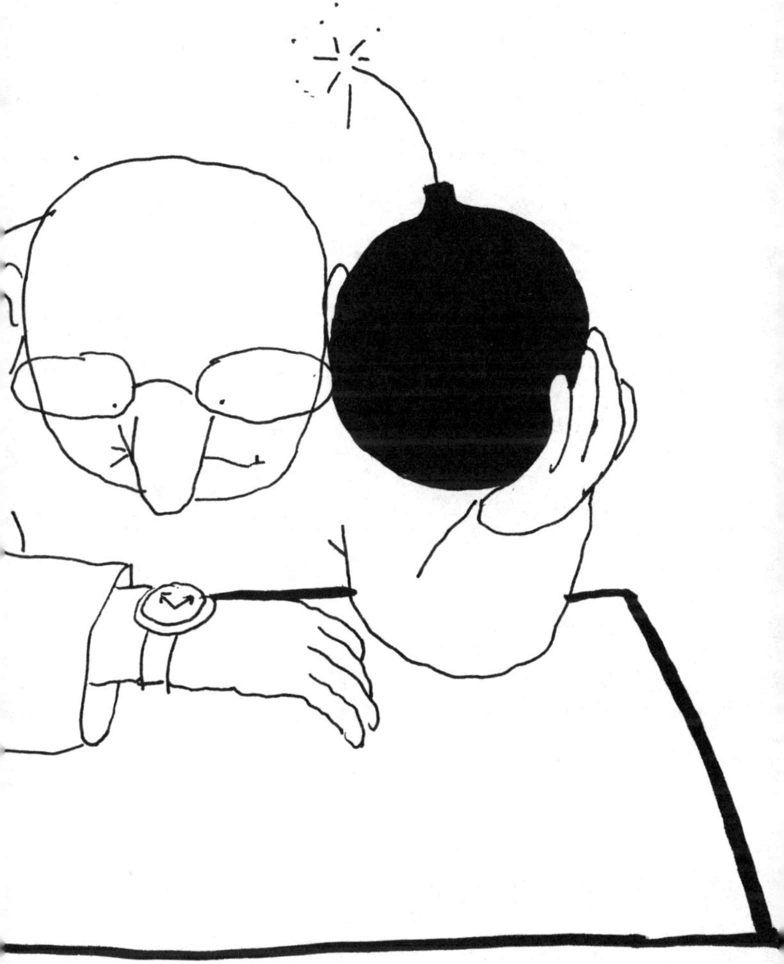

Planen

Ich habe es schon lang geahnt:
ich werde von der Zeit verplant.
Ich glaubte, es wär andersrum,
als ich noch jünger war - und dumm.
Drum lass ich jetzt das Planen sein
und lebe in den Tag hinein.

Kahl

Nicht nur
die Haare fallen
aus im Alter,
auch die Worte.
Auf der Birne,
im Gehirne
kahle Stellen
jeder Sorte.

Attacke

Ab und zu fällt sie mich an
mit aller Macht
in dunkler Nacht,
die Panik-Attacke,
verdammte Kacke.
Das Herz, es klopft,
als wär's verstopft,
die Nerven blank.
Dann, Gott sei Dank,
das Panik-Vieh –
ich weiss nicht wie –
zieht sich zurück,
das miese Stück.
Na, warte ab,
ich nehm dich mit
ins feuchte Grab.

Ansichten

Sah einen alten Freund zuletzt,
sah viel älter aus als ich.
Der war seinerseits entsetzt:
Sieht der alt aus, dacht er sich.
Jetzt sind wir beide sehr zufrieden,
dass wir doch so jung geblieben.

Frei

Ich mache, was ich will.
Will ich, was ich mache?
Mein Wille ist frei.
Dass ich nicht lache!

Müde

Ich bin des Lebens langsam müde,
was zu tun war, ist getan.
Ich steh am Bahnsteig meines Lebens
und warte auf die letzte Bahn.
Wer weiss, wie lang ich warten muss.
Die letzte Bahn lässt keinen Fahrplan gelten.
Ich harre aus, und mir wird kalt:
Ich werd mich noch zu Tod erkälten.

Erwartung

Er lebte in Erwartung
sein ganzes Leben lang.
Als nichts mehr zu erwarten war,
war ihm vor nichts mehr bang.

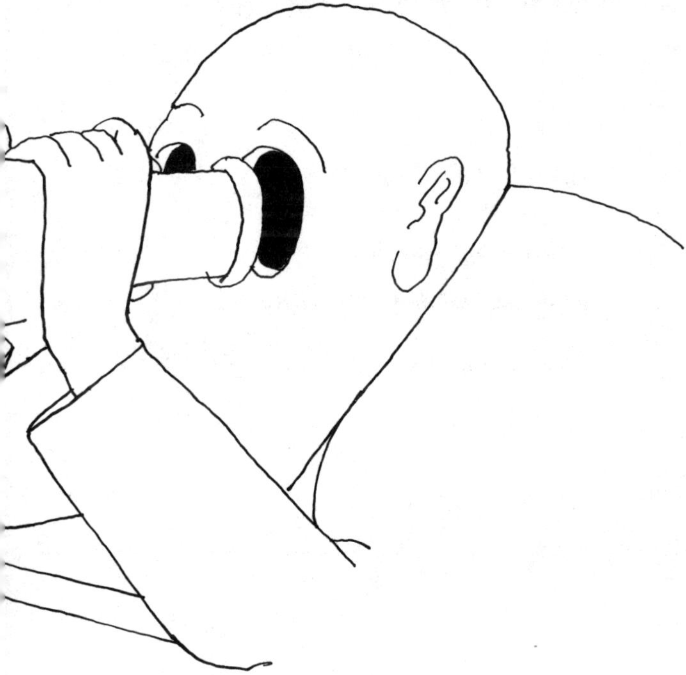

A

Er konnt sein Leben gut regieren –
ein a kam ihm dazwischen,
hat sich heimlich eingeschlichen.
Jetzt kann er nur noch re-a-gieren.

Eremit

Mit Freude sieht's der Eremit,
wenn der Besuch von dannen zieht.

Spiderman

Ist das Alter fortgeschritten,
wird man dicker in der Mitten.
Muskeln werden dünn und weich,
Arm und Bein sind spinnengleich.
Der Verfall, der hält nicht inne,
bald gleicht man einer alten Spinne.
So entwickelt sich im Alter denn
eine neue Art von Spiderman.

Spielball

Er wurde in die Welt geworfen,
man hat ihn nicht gefragt.
Dass er nur ein Spielball sei,
hat man ihm nicht gesagt.

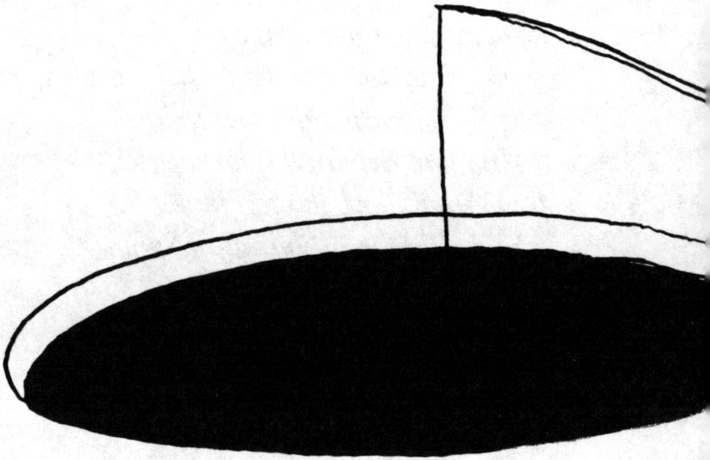

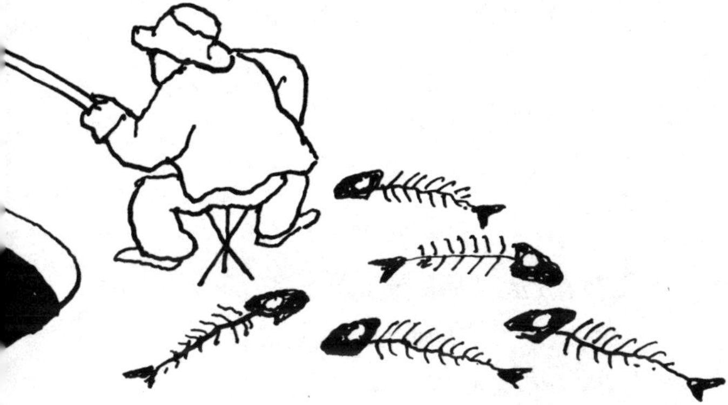

Hund

Ein Mensch, der psychisch kerngesund,
bleibt doch zeitlebens Pawlows Hund.

Weiser

Wär ich doch ein bisschen weiser,
braucht ich keine Tranquilizer,
keine Säfte, keine Pillen.
Säße einfach da im Stillen
vor einer Höhle auf dem Berge,
und meine Ängste wären Zwerge
weit unten tief im Jammertal.
Und ich könnt sagen: Leckt mich mal.

Sinn

*Mein Kater kennt des Lebens Sinn:
Fressen, schlafen, friedlich schnurren,
bedient zu werden, ohne Murren.
Schad', dass ich kein Kater bin.*

Blähung

*Des Menschen Leben ist doch nur
eine Blähung der Natur,
zu vergleichen mit 'nem Furz:
vergänglich, flüchtig, kurz.*

Gepflegt

Welch seltenes Gewächs
ist der gepflegte Alters-Sex.
Ist nicht Fisch und ist nicht Fleisch,
ist nicht hart und ist nicht weich,
ist nicht wild und ist nicht zahm,
es sei denn, man wär lendenlahm.
Man springt nicht mehr vom Kleiderschrank,
nimmt sich Zeit, und, Gott sei Dank,
geht's beinah gemütlich zu,
Akrobatik ist tabu.
Man liebt sich kontrolliert erregt,
selten zwar, doch wenn, gepflegt.

Himmel

Liegend in der Badewanne
schau ich auf meinen Pimmel
und denk, dass er mir fehlen wird,
bin ich dereinst im Himmel.

Wo bleibt des Lebens Sinnlichkeit?
Was führt der Herr im Schilde –
schweb ich als Seele, körperlos,
durch ewige Gefilde.

Gleichklang

Wenn er vorher weiß, was sie gleich sagt,
und sie schon weiß, was er gleich fragt –
was Gleichklang zweier Seelen heißt:
Mir ging's auf den Geist.

Flanell

Sie schläft in einem Biberbetttuch-Bette,
in einem Nachthemd aus Flanell,
nicht, wie er es lieber hätte,
ein bisschen sexy, tendenziell.

Die Fenster stehen nachts weit offen,
sie liebt die kalte, frische Luft.
Viel lieber hätte er genossen
in Wärme ihren Körperduft.

Sie schlafen jetzt in eigenen Räumen,
der eine warm, der andere kalt,
sie haben nichts mehr zu versäumen
und werden - so getrennt - gemeinsam alt.

Menschenbild

Kaum fortentwickelt von den Affen,
hat der Mensch sich Gott erschaffen,
geformt nach seinem Menschenbilde.
Von oben sieht's der wahre Gott -
und lächelt milde.

Zeitvertreib

Zeitvertreib - was sagt das Wort?
Man vertreibt die Zeit, man jagt sie fort.
Es wäre besser, sie zu schinden,
um ihr die Zeiten zu entwinden,
die man schon vertrieben hat.

Sinnlichkeit

Mangels echter Sinnlichkeit
wird der Mensch erst dick, dann breit.
Die Sinnlichkeit kommt in die Jahre,
der Sex wird jetzt zur Mangelware,
die Hormone werden knapper,
der Leib wird demzufolge schlapper.
Was bleibt ihm noch, was sinnlich ist?
Er frisst.

Entsaften

Es führt die Ehe zum Entsaften
der Liebe, Lust und Leidenschaften.

Scheibchenweise

Der Mensch stirbt meistens scheibchenweise,
Zahn um Zahn, verendet leise.
Langsam kommt er in die Jahre.
Muskeln schwinden und die Haare.
Auch die Sehkraft geht von hinnen,
mancher fängt schon an zu spinnen,
graue Zellen nippeln ab.
Es ist zwar weit noch bis zum Grab,
doch erste Freunde sterben schon.
Es stirbt so manche Illusion,
und manche Hoffnung geht zugrunde.
Schlägt einmal die letzte Stunde,
soll man sich nicht grämen:
Man muss von wenig Abschied nehmen.

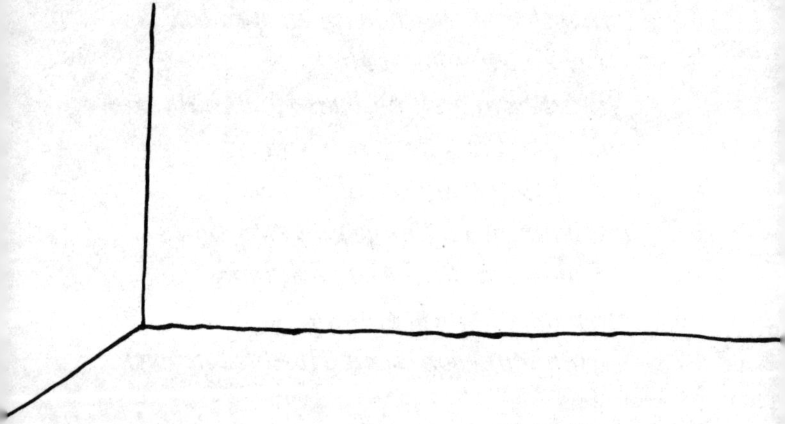

Leidenschaft

Liebe ohne Leidenschaft
ist wie ein Pfirsich ohne Saft,
wie eine Suppe ohne Salz,
wie ein Schlager ohne Schmalz,
wie ein Löwe ohne Mähne,
wie ein Tiger ohne Zähne.
Ist wie Fußball ohne Tor,
wie Halleluja ohne Chor.
Ist wie Schampus ohne Schaum,
wie ein Affe ohne Baum,
wie 'ne Flinte ohne Munition.
Partnerwechsel wär Option.

Reife

Es ist des Menschen Ziel auf Erden,
für das Leben reif zu werden.
Mit schulreif werden fängt man an,
geschlechtsreif werden folgt alsdann.
Mittlere Reife, Abitur
sind weitere Stationen nur.
Dann folgen Studium und Lehre,
man wird reif für die Karriere.
Reif wird man für Frau und Kinder,
für einen Seitensprung nicht minder.
Doch schneller, als man es begreift,
ist man gänzlich ausgereift –
und fällt ab vom Lebensbaume,
wie eine überreife Pflaume.

Eintagsfliege

Es war mal eine Eintagsfliege,
sah Morgenrot, sah Abendrot,
entdeckte diese Welt für sich -
und war am nächsten Morgen tot.
Sie hat soviel geseh'n wie ich.

Orkan

Wir leben im Auge des Orkans,
und keiner sieht's.
Nur kürzlich wurde mal vermerkt:
Hier zieht's.

Ich

Ich habe einen neben mir gehn,
versuch vergebens, ihn zu verstehn.
In mehr als neunundsechzig Jahren
hab ich nicht viel von ihm erfahren.
Er ist mir näher als mein Hemd,
nichtsdestotrotz, er blieb mir fremd.
Ich sah ihn leiden, sah ihn lachen,
sah ihn verrückte Dinge machen.
Manchmal denk ich, er sei ich,
dann wiederum, ich irre mich.
So suche ich zeitlebens
nach meinem Ich vergebens.

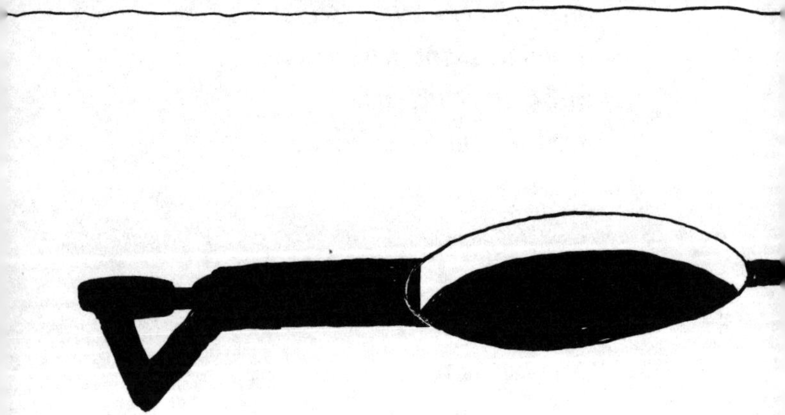

Tierliebe

In der Stadt ohne Tiere:
ich halt es nicht aus.
Kein Pferd, keine Kuh,
nicht mal 'ne Maus.
Allein ohne Tiere
werd ich noch krank.
Da sticht mich 'ne Mücke –
Gott sei Dank.

Schein

Descartes mal aus meiner Sicht:
Ich denke, also bin ich NICHT.
Ich war nicht und ich werd nicht sein.
Und dass ich bin? Nur Augenschein!

Markiert

Es stirbt der Onkel, stirbt die Tante,
es sterben alte Anverwandte.
Die Eltern sind schon lange tot –
der Sensenmann dir selber droht –
zwar bislang nur aus der Ferne.
Man lebt noch ein paar Jährchen gerne.
Doch ist man längst schon vorsortiert,
wie man den Baum im Wald markiert,
der als Nächster abgesägt,
weil er am Stamm ein Zeichen trägt.

Lebensherbst

Ein Baum im Herbst steht vor mir nackt,
blätterlos, nur noch Gerippe,
kein Baum mehr, eher Baum-Extrakt,
als stünd sein Leben auf der Kippe.
Oh Baum, du hast ja nichts verloren,
wirst jedes Frühjahr neu geboren.
Nach meinem Herbst des Lebens
hoff ich aufs Frühjahr nur vergebens.

Gläubig

Mein Gefühl ist gläubig,
mein Geist ist es nicht.
Ob man durchkommt damit
beim Jüngsten Gericht?

Pensionär

Er hat's geschafft, ist Pensionär,
ihn quälen keine Termine mehr.
Was stellt er an mit seiner Zeit?
Er schlägt sie platt, er schlägt sie breit.
Was soll er tun in seiner Not?
Schlägt er sie nicht, schlägt sie ihn tot.

Kalt

Die Seele bleibt jung,
die Hülle wird alt.
Der Geist hat noch Schwung.
Die Triebe sind kalt.

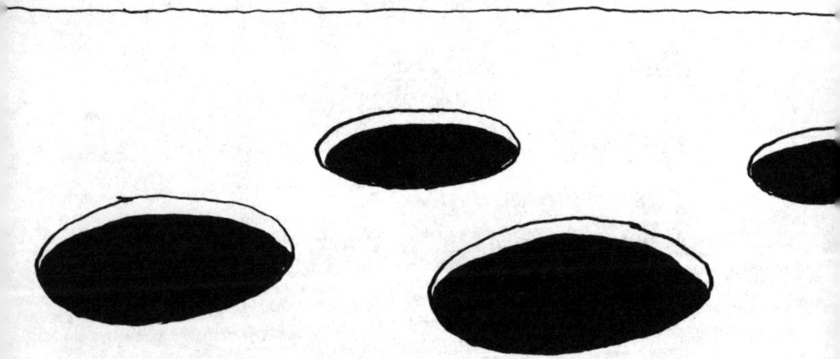

Neu gemischt

Was mal für mich erstrebenswert,
ist längst schon aus der Mode.
Von meinen Idealen heißt 's,
ich reite sie zu Tode.
Schon bald wird alles anders sein,
was fest gefügt schien, wird zerfallen.
Die Dinge werden neu gemischt.
Es wird mir nicht gefallen.

Wartezimmer

Auch der Gesündeste sitzt immer
in des Todes Wartezimmer.

Versichert

Für Hagel, Blitz und Feuer,
für Haftungspflicht am Steuer,
für Unfall und Beerdigung
hat er 'ne Versicherung,
ist lebens- und sozialversichert,
mit Immobilien rundum abgesichert.
Weil er so auf Sicherheit versessen,
hat ihn zuletzt die Angst gefressen.
Wogegen er - zum Unglück zwar -
leider nicht versichert war.

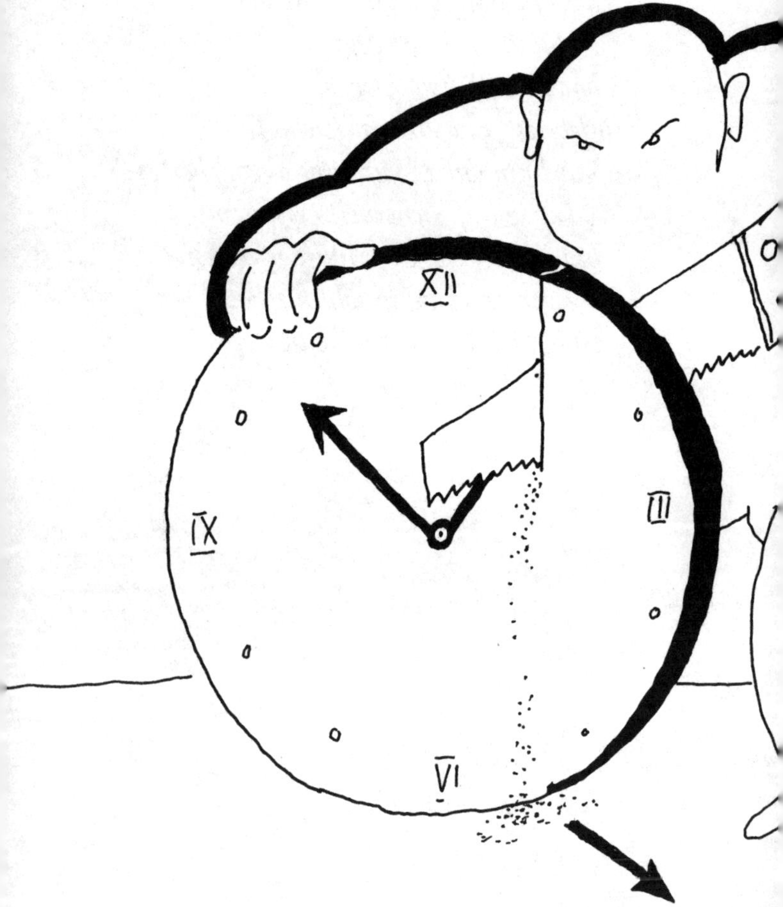

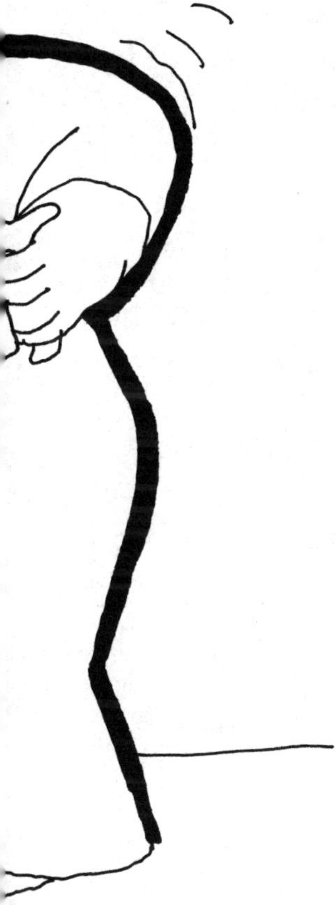

Allein

Einsam bin ich unter vielen,
selten nur, wenn ich allein,
da muss ich nicht den Affen spielen,
kann mir selber nahe sein.

Vereinen

Störe du nicht meine Kreise,
dann stör ich nicht die deinen.
Wenn jeder lebt auf seine Weise,
das könnte uns vereinen.

Besitzen

Er häuft' es auf
und saß darauf,
stolz, es zu besitzen.
Ein Leben lang
war ihm nur bang,
dass and're es stibitzen.
Am Donnerstag
traf ihn der Schlag.
Das kam vom langen Sitzen.

Asche

Sollen mich die Würmer kriegen –
oder lieber doch das Feuer?
Als Asche noch mal nützlich sein –
in einem Düngerstreuer!

Alt

Emotionen verflachen,
was soll man machen.
Heißes wird kalt.
Ich werde alt.

Was früher so wichtig,
ist heute so nichtig
und ohne Gehalt.
Ich werde alt.

Erst hat man Wehwehchen
vom Kopf bis zum Zehchen.
Dann kommt es geballt.
Ich werde alt.

Die Kinder haben Kinder,
die Uhr läuft geschwinder.
Der Zeiger sagt, bald:
Ich werde alt.

Was bleibt, ist die Liebe –
doch fehlen die Triebe.
Hab's endlich geschnallt.
Ich BIN alt.

Stumm

Er befindet sich im Ruhestand –
mit dem Rücken an der Wand.
Muss sich an die Wand anlehnen,
sagt, es fehlt ihm Standvermögen
für den Stand der Ruhe,
da er nichts mehr tue.
Irgendwann, da fällt er um.
Stumm.

Unendlich

Des Lebens Würze
  liegt in der Kürze.
Fände es unendlich statt,
  hätte man's in Kürze satt.

Hürden

Man wird alt und vergesslich,
ist öfter unpässlich.
Manchmal ganz flattrig,
beinahe schon tattrig.
Altern in Würden
hat hohe Hürden –
das Drüberspringen
kann nicht mehr gelingen.
Nimm's nicht krumm,
schlurf einfach drumrum.

Aufwand

Millionen Sonnen, Millionen Sterne
und ein einziger Planet,
auf dem's lebendig zugeht.
Geist, der über allem thront,
hat der Aufwand sich gelohnt?

Es ist

Der Optimist:
Es ist, wie es ist.
Der Pessimist:
Nichts ist, wie es ist.
Der Realist:
Wie es ist, ist es Mist.

Abgesang

So nimmt das Alter seinen Gang:
Alles Tun wird Abgesang.

Zweifel

Glauben ist Balsam.
Zweifel ist Qual.
Ein Mensch mit Verstand
hat keine Wahl.

Immer derselbe

Unsterblich verliebt,
zu Tode betrübt,
  bist immer derselbe.
Gepackt an der Ehre,
machst du Karriere,
  bist immer derselbe.
Verdienst endlich Zaster,
pflegst deine Laster,
  bist immer derselbe.
Verliebst dich aufs Neue,
genießt ohne Reue,
  bist immer derselbe.
Edel geworden,
kriegst einen Orden,
  bist immer derselbe.
Wirst endlich weise
am Ende der Reise,
  bist immer derselbe.
Liegst kaum im Sarg,
riechst du schon stark,
  bist nicht mehr derselbe.

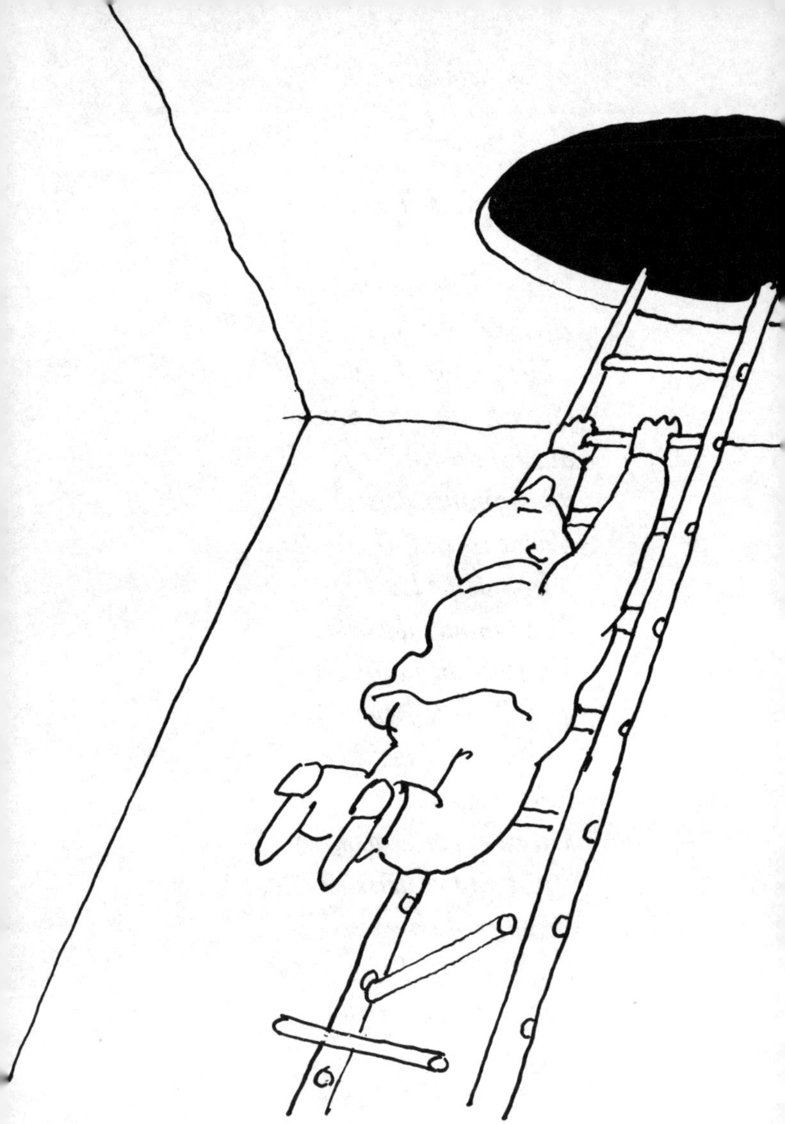

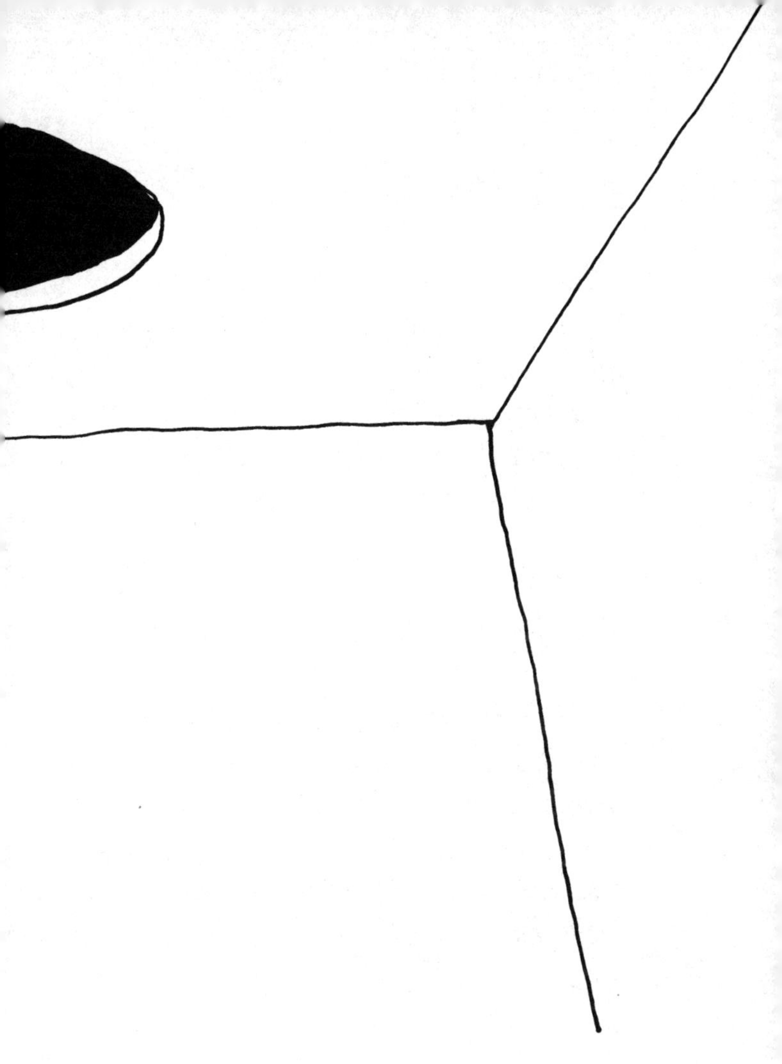

Bücher

Ich sollte keine Bücher mehr kaufen.
Mich bedrängen diese Buchstaben-Haufen.
So schnell ich auch lese,
ich krieg vorm Verwesen
all meine Bücher nicht mehr gelesen.

Rausschmiss

Ein Fest soll man verlassen,
wenn's am schönsten ist –
warum nicht auch das Leben?
Statt warten,
bis du rausgeschmissen wirst –
gottergeben.

Wartungsfrei

Ich möcht raus aus meinem Körperknast.
Gott, wie ist es mir verhasst,
dieses Knochen-Fleisch-Gemenge –
treibt Geist und Seele in die Enge,
hält mich unentwegt auf Trab
mit Reparaturen bis ans Grab.
Drum bitt' ich, mir fürs nächste Leben
einen wartungsfreien Leib zu geben.

Wochenende

Wirst du krank am Wochenende,
vertraue Gott und falt die Hände.
Glaubst, im Krankenhaus wird dir geholfen.
Doch die Ärzte sind beim Golfen.

Nicht gelebt

Es gibt Tage,
die versickern
so einfach,
man sollte sie
im Kalender
streichen
und hinten
dranhängen
ans Leben,
wäre doch
gerecht,
mit nicht
gelebten Tagen
das Leben
verlängern
zu dürfen.

Zeit

Verschätz dich nicht mit deiner Zeit:
nur hier und jetzt ist Ewigkeit.

Haben

Sein Leben war bestimmt durch haben, haben.
Nur zu sein, war nie genug.
Er sah sie nicht, die inneren Gaben.
Zu spät sah er den Selbst-Betrug.

Reichtum

Hat dein Besitz von dir Besitz ergriffen,
hast du reich sein falsch begriffen.

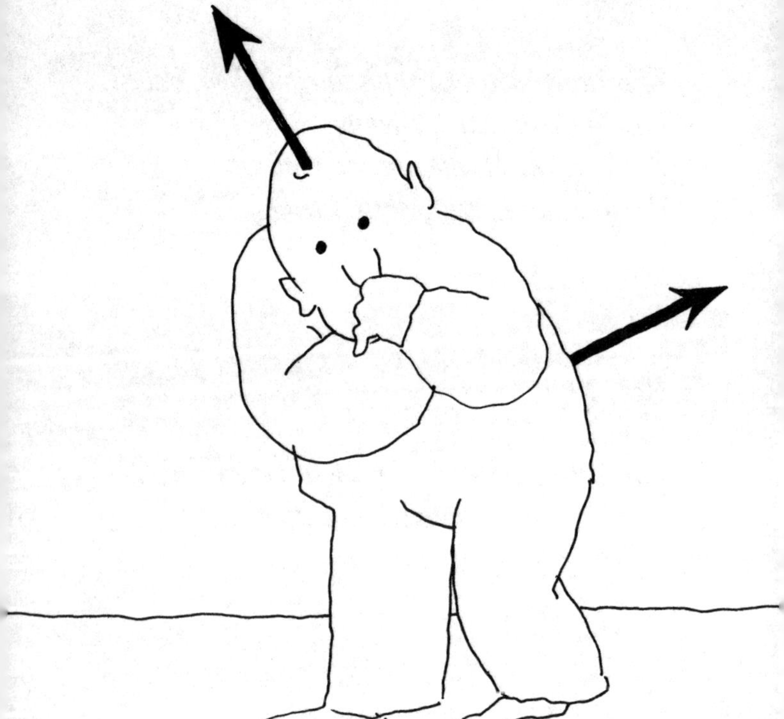

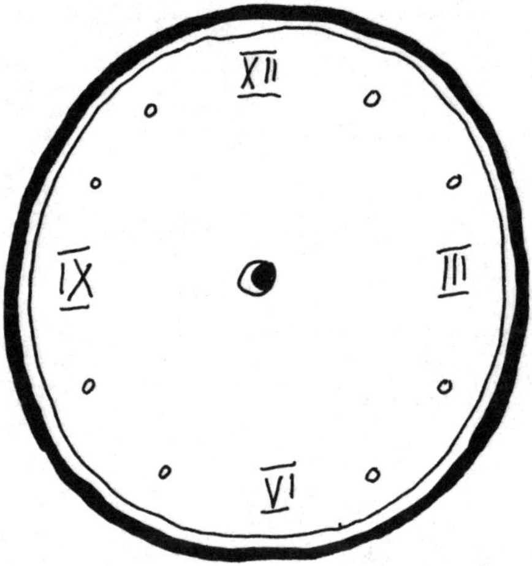
XII
III
VI
IX

Sorgen

Könnt man so seine Sorgen vertreiben:
rennen, plötzlich stehen bleiben -
nur die Sorgen liefen weiter.
Das wäre heiter!

Wunschlos

Ich habe keine Wünsche mehr,
ich bin wunschlos unzufrieden.
Viel lieber wäre mir beschieden,
wenn ich zufrieden wunschlos wär.

Ärzte

Gesetzt den Fall, man fühlt sich krank,
geht zum Arzt, und Gott sei Dank
macht er schnell die Diagnose,
murmelt was von ... Hepatose.

Verwirrt, was der Leber da passiert,
wird ein zweiter konsultiert.
Man macht vor Angst sich in die Hose,
sagt der Arzt doch: Tja, Zirrhose.

Als hätt' man nicht genug gelitten,
rennt man geschockt zu einem dritten.
Der hält die ganze Chose
für 'ne ausgewachsene Angst-Neurose.

Und was lernt man jetzt daraus:
Such dir deine Krankheit selber aus.

Gefühle

Die Wissenschaft fand jetzt heraus:
Gefühle geh'n vom Körper aus.
Was der Mensch für Liebe hielt,
wird vom Körper hochgespült
in den geistigen Bereich.
Doch werden erst die Knie dir weich.
Aus Kontraktionen, Erektionen
entstehen dann die Emotionen.
Die wandeln sich bald in Gefühle,
heiße meist und manchmal kühle.
Doch bleibt gelegentlich - zum Schrecken -
die Emotion im Körper stecken.

Ruhe

Was will ich erreichen
mit dem, was ich tue?
Das Ziel kann nur heißen:
innere Ruhe.

Ade

Der Welt mal ade zu sagen,
so schön es auch war,
ich werd's ertragen.
Doch der Abschied vom eigenen Ich
geht mir, gütiger Himmel,
gegen den Strich.

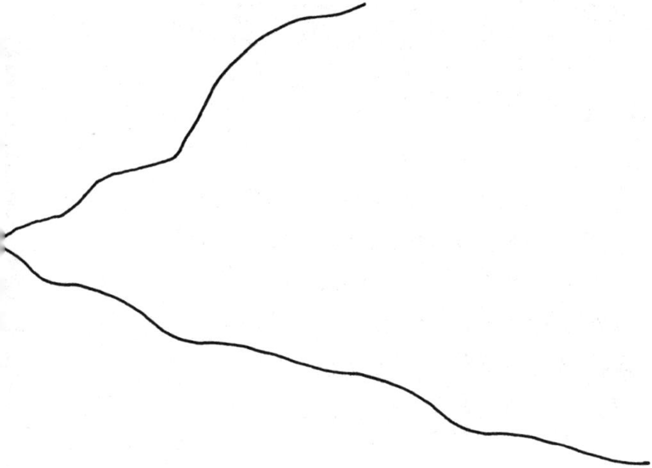

Weichen

Ich kann mich noch ändern, will's mir beweisen,
fahr schon zu lang auf den alten Geleisen,
möchte gern noch, bevor ich verrecke,
auf eine ganz andere, neue Strecke.
Doch wie soll ich mein Ziel erreichen?
Da sind noch immer die alten Weichen.

Würde

Die Würde des Menschen ist unantastbar.
Wer das schrieb, war jung.
Sah Menschen nie im Altersheim,
im Elend der Entwürdigung.

Leitung

Hatte neulich großen Seelenkummer,
rief den Schöpfer an in meiner Not.
Erst war die Leitung tot,
dann: Kein Anschluss unter dieser Nummer.

Scherenschnitt

Er war so flach und oberflächlich,
sozusagen nebensächlich.
In einem Nachruf war zu lesen,
er sei ein Scherenschnitt gewesen.

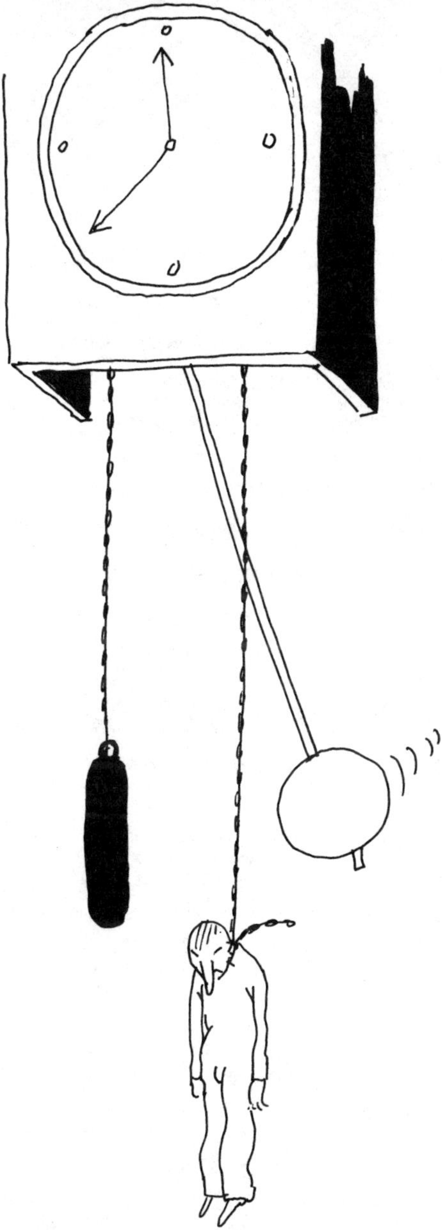

Alter Baum

Er würd sich gern entasten lassen,
von toten Ästen sich befrei'n,
die Ranken, die ihn fest umfassen,
als ob sie Würgeschlangen sei'n,
von sich reißen bis zum letzten Blatt.

Er möcht wieder frei und ohne Last
im Winde sich bewegen,
mit frischem Saft in jedem Ast,
wenn sich die Triebe regen.
Doch gab man seinem Wunsch nicht statt.

Das war das Ende eines Traumes
im Leben eines alten Baumes.

Schnurz

Sauce Béchamel,
  Crème Caramel,
das Leben ist so kurz.
  Blutfettwerte?
Leberwerte?
  Sind mir alle schnurz!

Lebenstüchtig

Sei lustig nur und flüchtig,
  und du bist lebenstüchtig.
Sei ernst und denke tief,
  und du wirst depressiv.

Alles fließt

Ich sag es mal versimpelt:
Jugend fließt,
Alter dümpelt.

Pfeifen

Ändere, was zu ändern ist,
auf das andere pfeife.
Wenn du einmal soweit bist,
hast du die innere Reife.

Angstfrei

Angstfrei leben kann nur heißen,
kräftig auf den Tod zu scheißen.

Make-up

Blauer Himmel? Nur Make-up
des Weltraums tiefer Schwärze!
Kratz doch mal das Blaue ab,
dann wird dir kalt ums Herze.

Konserve

Irgendwann war es passiert:
ihre Liebe hatte sich konserviert.
Wenig später war zum Schreck
auch der Dosenöffner weg.

Treue

Treue zu anderen ist Silber.
Sich selbst treu sein ist Gold.
So denke ich selber.
Denkt ihr, was ihr wollt.

Ehe

Ehe, Ehe,
wenn ich auf
das Ende sehe!

Du

Selten bin ich ICH
mit allem, was ich tu.
Meistens bin ich nur ein ES,
doch manchmal bin ich DU.

Vermächtnis

Meine Kinder sollten mich in
Erinnerung behalten
als Mann, als Vater,
nicht als sabbelnden Alten.
Wenn ich jetzt stürbe,
aufrecht und in Würde,
blieb ich als schönstes Vermächtnis
so wie ich bin im Gedächtnis.

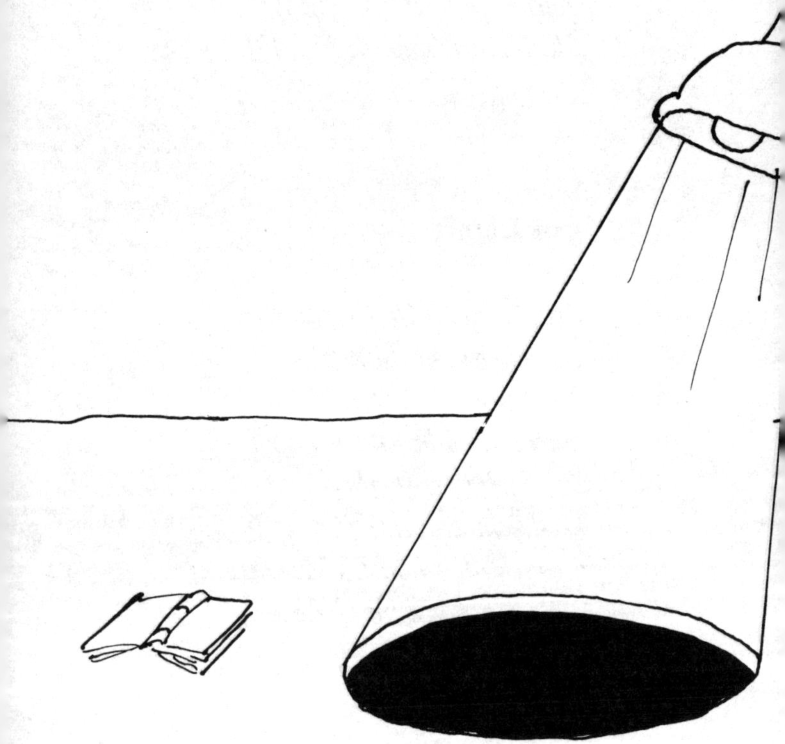

Wesentlich

„Mensch, werde wesentlich!"
las ich in einem Buche.
Wie lang schon bin ich auf der Suche
und fand es nicht, das Wesentliche,
kam ihm niemals auf die Schliche.
Prüfte, was ich tu und denke,
auf dass ich meine Kräfte lenke
auf die Quintessenz des Lebens,
der Entdeckung unseres wahren Wesens,
um endlich wesentlich zu werden
in unserer kurzen Zeit auf Erden.
Weil ich's nicht fand, beschied ich mich -
und denke, das ist wesentlich.

Katzenleben

Schnurrend liegt auf meinem Knie
mein geliebtes Katzenvieh,
ignoriert als weise Katze
das ganze menschliche Geschwatze.
Gäb's eine Re-Inkarnation -
ein Katzenleben wär Option.

Katzenmoral

Meine Katze ist ein Flittchen,
mit ihrem Schmeicheln, Schmusen, Schnurren
hat sie mich ständig am Schlafittchen,
ich verwöhn sie ohne Murren.
Nur ab und zu kriegt sie ein Trittchen -
damit sie weiß, sie ist ein Flittchen.

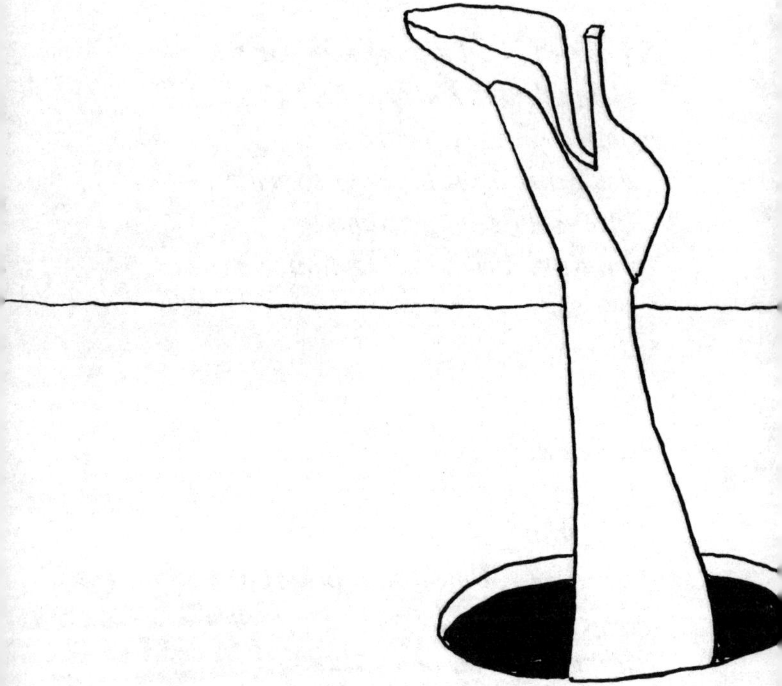

Freund

Ein Freund wie er ist selten,
niemals würde er mich schelten
für all' meine Macken,
Depressionen, Angst-Attacken,
inklusive Wutanfälle.
Immer ist er gleich zur Stelle
und besänftigt meine Ängste.
Ein wahrer Menschenkenner? Denkste.
Wer mir so herzlich zugetan,
ist mein Freund, der Baldrian.

Kartoffel

Ich fühl mich wie'ne Saatkartoffel,
ausgehöhlt und überflüssig.
Mein Produkt, die Jungkartoffeln,
sind meiner Sprüche überdrüssig.
Na wartet nur, ihr jungen Stoffeln,
ihr werdet auch mal Saatkartoffeln.

Zinsen

Die Natur ist eine große Bank.
Generös verleiht sie Leben.
Man schuldet dafür keinen Dank.
Mit Zins und Zinseszins
hat man es zurückzugeben.

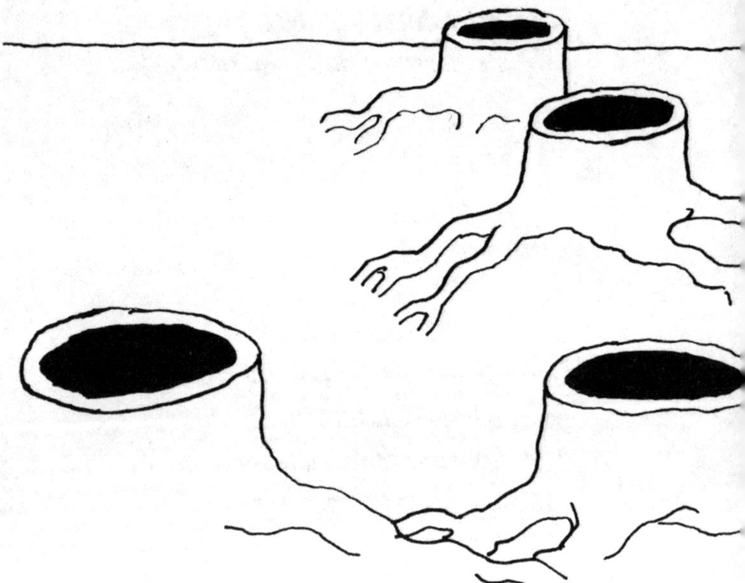

Kreis

Pampers als Baby
und Pampers als Greis,
so schließt sich des Lebens
beschissener Kreis.

Abtreten

Da helfen Macht nicht
und Moneten.
Man ist so frei, wie man
bereit ist abzutreten.

Heim

Sie hatten den Alten ins Heim gesteckt,
da ist er dann unter Aufsicht verreckt -
anstatt im engsten Familienkreis.
Das Alter fordert seinen Preis:
Er starb da, wo er nicht störte -
so, wie es sich gehörte.

Optimist

Ich wünscht, ich wäre Optimist
und säh das Leben, wie's nicht ist.

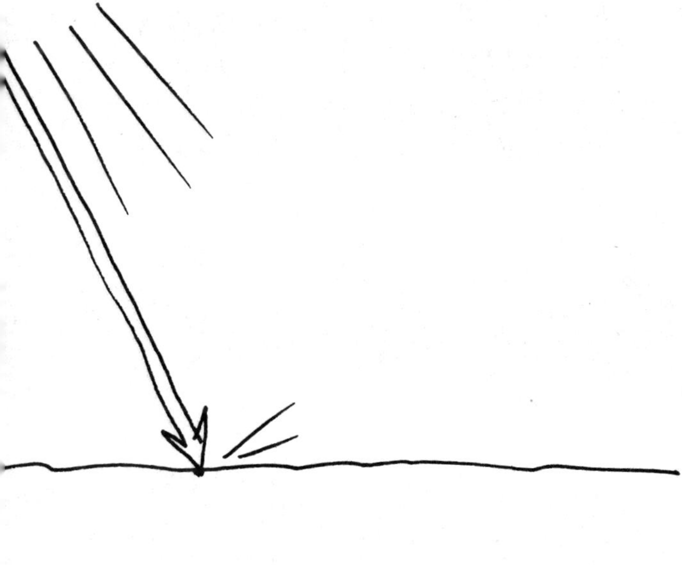

Helden

Meine Leinwandhelden melden sich ab,
einer nach dem andern sinkt ins Grab.
Sie waren meine Lebensbegleiter,
stimmten mich traurig, stimmten mich heiter.
Sie waren mir als Celluloid-Bekanntschaft
näher, als meine halbe Verwandtschaft.
Ich bin mit ihnen alt geworden,
mit ihren Heldentaten - nebst den Morden.
Ob Burt, ob James, ob Richard, ob John,
meine Helden schlichen sich heimlich davon.
So bin ich denn, es gibt keinen Trost,
für den Rest meines Lebens heldenlos.

Satt

Wer Hunger hat auf Neues,
verzichte mal auf's Essen.
Denn das Neue sieht man nicht,
wenn man sattgefressen.

Überstunden

Dieser Satz ließ mich nicht ruh'n:
„Der Sinn des Lebens kommt vom Tun".
Hab den Sinn noch nicht gefunden,
trotz der vielen Überstunden.

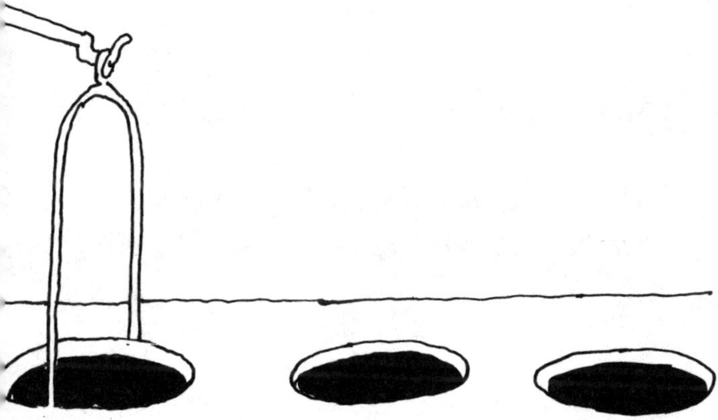

Philosophen

Auch mit Weisheit auf der Lippe
springt man dem Tod nicht von der Schippe.
Am Ende steh'n die Philosophen
vor ihm so dumm da wie die Doofen.

Selbstkritik

Mach nicht soviel Rummel
um deinen Lebenskerzen-Stummel!

Perfekt

Lass dich auf Herz und Nieren prüfen:
Es kommt heraus, du bist defekt.
Es hat noch keinen Arzt gegeben,
der nicht Profit an dir entdeckt.

SEIN und HABEN

Darauf schwör ich Stein und Bein,
niemals kommt der Mensch zum SEIN:
das Habenwollen überwinden,
den Sinn im Sein nur noch zu finden.
Denn da liegt der Hund begraben:
der Mensch will auch das Leben HABEN.

Katze

Katze auf dem Bauch,
roter Wein im Glase,
ein Buch vor meiner Nase
ist alles, was ich brauch'.

Über siebzig

Alles wird so übersichtlich,
wenn man über siebzig ist.
Die Jahre, die man vor sich hat,
sieht man jetzt als Gnadenfrist.
Jetzt kann dich deine Katze überleben,
jeder Hund und jedes Pferd.
Man fühlt sich als ihr Zeitgenosse.
Das ist schon bemerkenswert.

Bewegung

Folgt der Mensch der inneren Regung,
vermeidet er zuviel Bewegung,
die, speziell beim älter werden,
oft verbunden mit Beschwerden.
Dies ist jedoch, wie jeder weiß,
ein vertrackter Teufelskreis.
Es bauen ab die Muskelzellen,
man wird steif an falschen Stellen,
und bei intimer Zweisamkeit
vermisst man die Gelenkigkeit.
Folgt der Mensch den äußeren Zwängen,
wozu die lieben Freunde drängen,
dann setzt er sich aufs Rad, fährt Ski,
verknackst sich irgendwann sein Knie,
er steigt auf Berge, reitet Pferde -
und küsst beim Fall die harte Erde.
Längstens hier wird er belehrt,
dass innere Regung nicht verkehrt.

Alptraum

Es kann keinen Alptraum geben,
der so absurd ist wie das Leben.

Treten auf der Stelle

Zu lang trat er auf einer Stelle
und stampfte so ein tiefes Loch,
aus dem es, einem Grabe ähnlich,
nach Verfall und Moder roch.

Himmelreich

Ist das Jenseits kommunistisch,
sind wir drüben alle gleich,
Proletarier im Himmelreich?
Herr im Himmel, dann verzicht ich.

Graus

Ein Mensch, der wollte in sich gehn,
um sich selber zu verstehn.
Was er dort fand, war ihm ein Graus.
Jetzt geht er nur noch aus sich raus.

Erkenntnis

Die Erkenntnis hat mir Trost gegeben:
Ich hasse das Leben aus Liebe zum Leben.

Nichts weiter

Wir sind, weil wir sind,
  nichts weiter.
Nimm es hin
  und lebe heiter.

Fallobst

Carpe diem - pflücke den Tag!
Weise, wem es glückt.
Doch wenn die Tage Fallobst sind?
Narr, wer sich dann bückt.

Erbauung

Eine ruhige Verdauung
dient der inneren Erbauung.
Drum geh, wenn dich die Sorgen packen,
erst einmal in Ruhe kacken.

Das schwarze Loch

Des Menschen Schicksal ist es doch,
zu enden in 'nem schwarzen Loch.
Jetzt wissen die studierten Leute,
dass auch die Erde wird zur Beute,
wenn die Sonne explodiert
und die Erde ausradiert.
Bald nach dieser Zeitenwende
ist auch die Galaxie zu Ende,
um ihre Existenz betrogen,
in ein schwarzes Loch gesogen.
Doch irgendwann, man weiß schon wie,
stirbt auch die letzte Galaxie,
wird inklusiv des Sternenlichts
ausgelöscht im schwarzen Nichts.
Wenn alles fällt ins schwarze Loch,
lieber Gott, was bleibt Dir noch?

Gleichschaltung

Im Augenblick, da man erkaltet,
wirst, oh Mensch, du gleichgeschaltet.
Demzufolge ist
der Tod ein Kommunist.

Carpe diem

Ich erfreue mich am Morgenrot,
bin ausgeruht und quicklebendig -
dann werd ich mal, und zwar behendig,
den Tag genießen.
Vielleicht sieht mich die nächste Morgenröte
tot.

Muße

Ich gehe jetzt der Muße nach,
doch hol ich sie nicht ein.
Ich bin vielleicht zu schnell marschiert,
und sie geht hinterdrein.

Lebensmut

Der Mann,
der vom Empire State Building sprang -
vorbeiflog am 20.Stock
und sagte:
bis hierhin gings gut.
Der hatte Lebensmut!

Butterbrot

Mir half in mancher Seelennot
ein gut geschmiertes Butterbrot.
Es scheint der Körper nicht bereit,
zu kauen und zur gleichen Zeit
sich Seelennöten hinzugeben.
Deshalb sorg dich um dein Innenleben,
wenn dein Seelenheil bedroht:
Beiße in ein Butterbrot.

Der Rotwein

Ereilt mich mal die Langeweile,
teil ich die Tage in zwei Teile.
Dann stell ich mir zur Mittagszeit
einen roten Wein bereit,
fall danach in tiefen Schlummer,
vergess des halben Tages Kummer.
Erwache dann nach einer Stunde -
schlief am liebsten noch 'ne Runde -
doch dann holt mich mein Gewissen
weg vom sanften Ruhekissen.

Zur Vermeidung jeder Langeweil
beginnt des Tages zweiter Teil,
stehe quasi geistig stramm
vor meinem Rentner-Pflichtprogramm.
Kümmer mich zum Beispiel rege
um muskuläre Körperpflege -
zwecks Lebensqualität und so
in einem Fitness-Studio,
les Nietzsche zur Vergeistigung
mit mäßiger Begeisterung.
Dann noch ein bisschen ferngesehn,
schon ist es um den Tag geschehn -
getrennt vom Rotwein in zwei Teile,
zu halbieren meine Langeweile.

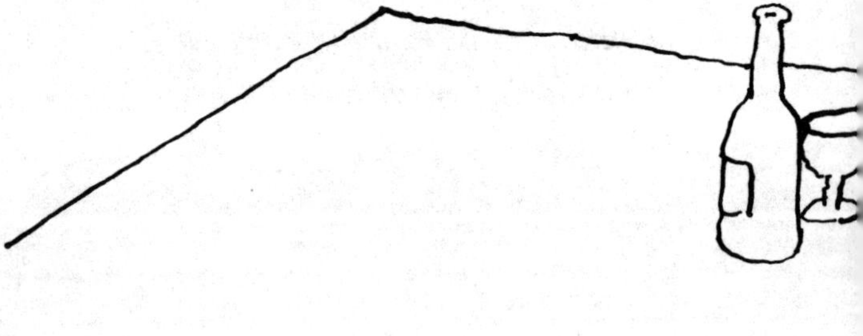

Kleister

Wie wär das Leben leicht gemeistert,
wär man nicht mit Angst verkleistert.

Freund Hein

Ich wär gern mit dem Tod per Du,
er sollte mir kein Fremder sein.
Kommt er einmal auf mich zu,
könnt ich sagen: „Tach, Freund Hein,
du musst dich nicht mit mir beeilen,
ich möchte gern noch lang verweilen."
Ist es endlich dann soweit,
hoff ich, dass er freundlich ruft:
„Du, komm, es ist jetzt an der Zeit!",
statt: „Sie da, runter in die Gruft!"

Geist

Geist, Bewohner der Todeszelle,
Körper genannt.
Begnadigung: keine.
Exekutions-Termin: unbekannt.

Schlagworte

Es werden
die großen Menschheitsfragen
mit Schlagworten
kurz und klein geschlagen.

Glück

Zuviel Glück macht mich nervös,
denn Glück ist selten generös.

Wohlsein

Ums Dasein sorgt sich die Natur.
Ums Wohlsein leider nicht die Spur.

Zeit stehlen

Strafrechtlich nicht erfasst:
Wer Menschen die Zeit stiehlt,
gehört in den Knast.

Unsterblich

Bevor es heißt, es ist soweit:
Noch einmal sich unsterblich fühlen,
wie damals in der Jugendzeit.

Erinnerung

Freunde sollten sich nicht wiederseh'n
nach allzuvielen Jahren.
Dann bleiben sie in Erinnerung
so jung, wie sie einst waren.

Das Fell

Ich hätte gern ein dickes Fell,
dann könnt ich sagen "Go to hell":
Alltags-Sorgen, Alltags-Nöte
und was sich außerdem mir böte.
Gäb es so ein dickes Fell,
hätt ich nur ein Bettgestell,
keine Plümos, keine Laken,
keine Kleider auf dem Haken.
Ich hätte keine Mühe
mit dem Anziehn morgens frühe.
Auch das Waschen ging ganz schnell
mit so einem dicken Fell.
Einfach nur das Fell geleckt,
und die Erscheinung wär perfekt.

Sieht man das Ganze sexuell,
wär auch von Vorteil so ein Fell.
Es führte zur Beschleunigung
bei einem schnellen Seitensprung,
denn es gäb vor den Ergüssen
kein Zerren mehr an Reißverschlüssen.
Noch ein Lob an dieser Stelle
für den Gebrauch von diesem Felle:
Dass beim Verlassen dieser Welt
sogar das Leichenhemd entfällt.

Frommer Wunsch

Zuviel Unerledigtes
zu hinterlassen,
wenn es mich trifft,
das würd ich hassen.
Wenn es mich träfe
beim Garten pflegen,
nicht beim Häuser bauen -
das käme mir entgegen.

Symbiose

Ewige Freundschaft?
Quatsch mit Soße.
Ewig währt nur
die Symbiose.

Das Mittelding

Ich glaub, ich bin ein Mittelding,
bin nicht doof und bin nicht weise,
schätz mich mal hoch und mal gering,
bin nicht laut und bin nicht leise.
Ich bin weder hässlich, weder schön,
noch kerzengrade oder bucklig.
Ich habe Tiefen, habe Höh'n,
bin nicht feige und nicht mutig.
Irgendwann lieg ich im Sarg,
der nicht zu protzig, nicht zu karg,
dazu spielt eine Orgel dann
nicht zu kurz und nicht zu lang.

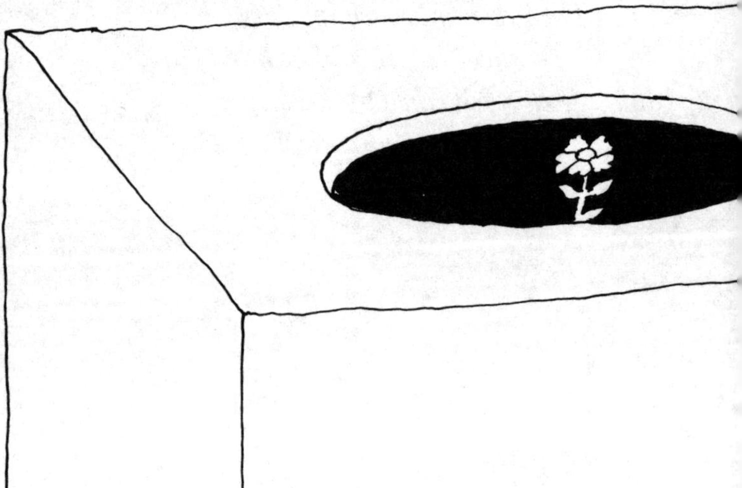

Ungeheuer

Die Zeit, das große Ungeheuer,
frisst alles auf, was lieb und teuer.
Es frisst sich durch dein Leben durch,
als Würmchen erst, dann wie ein Lurch.
Draus wird sehr bald ein Krokodil -
von deiner Zeit, da bleibt nicht viel.
Mutiert dann zum Tyrannus Rex.
Der frisst dann schnell den Rest.
Und ex.

Seelen-Schokolade

Seelen-Schokolade sollt' es geben,
die mich high macht und nicht süchtig,
die man mit der Seele aufschleckt.
Und die nicht dick macht, das wär wichtig.

Tage

Tage, die sich selbst genügen,
an die man sich kaum erinnern kann:
Waren's nicht die besten Tage,
wenn man rückschaut, irgendwann?

Heiter

Eltern sterben.
Das Leben geht weiter.
Kinder erben.
Aus traurig wird heiter.

Gestalten

Du glaubst,
du gestaltest
dein Leben,
planst alles
ordentlich?
Du liegst
total daneben:
Das Leben
gestaltet dich.

Wanst

Trimm deinen Geist,
solang du kannst,
sonst hat dein Geist
bald einen Wanst.

Sylvester

Mit einem Bein stand er im Morgen,
mit dem anderen noch im Gestern.
Weil er nie im Heute stand,
zerriss es ihn Sylvestern.

Hampelmann

Es ist halt so, gewöhn dich dran,
als Mann ist man ein Hampelmann
und selten mal ein Held.
Man hampelt rum, so gut man kann,
bis dass der Vorhang fällt.

Sprünge

Lieber Doktor, dies als Fakt:
Mein Herz kommt manchmal aus dem Takt,
macht ab und zu 'nen extra Sprung.
Liegt's daran, dass ich nicht jung
bin oder schon senil
mit diesem extra Sprung zuviel?

Sehr verehrter Patient,
einem so nervösen Hemd
verschreib ich erstmal Betablocker.
Nichts mehr haut Sie dann vom Hocker,
doch vergeht, nebst anderen Dingen,
auch die Lust zu Seiten-Sprüngen.

Lieber Doktor, dies als Fakt:
Da komm ich lieber aus dem Takt.

Charakter

So liegt man heute richtig:
Denken wie ein Spiritualist,
Handeln wie ein Materialist.
Charakter ist nicht wichtig.

Mist

Es schluckt der Mensch den größten Mist,
wenn dieser leicht verdaulich ist.

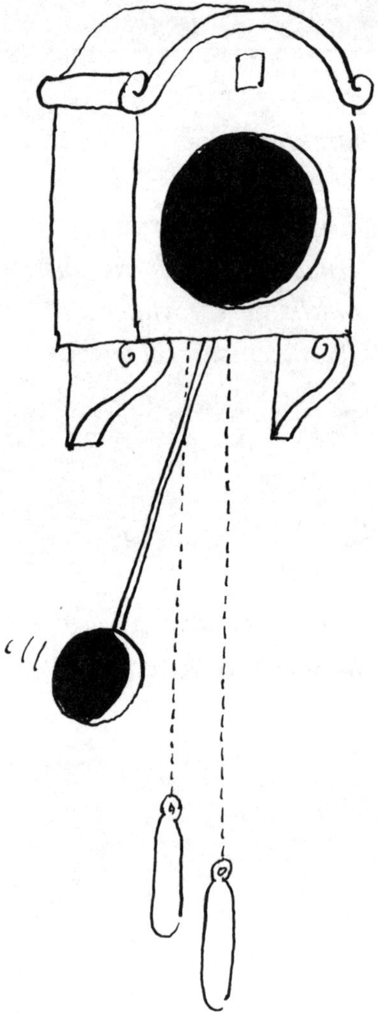

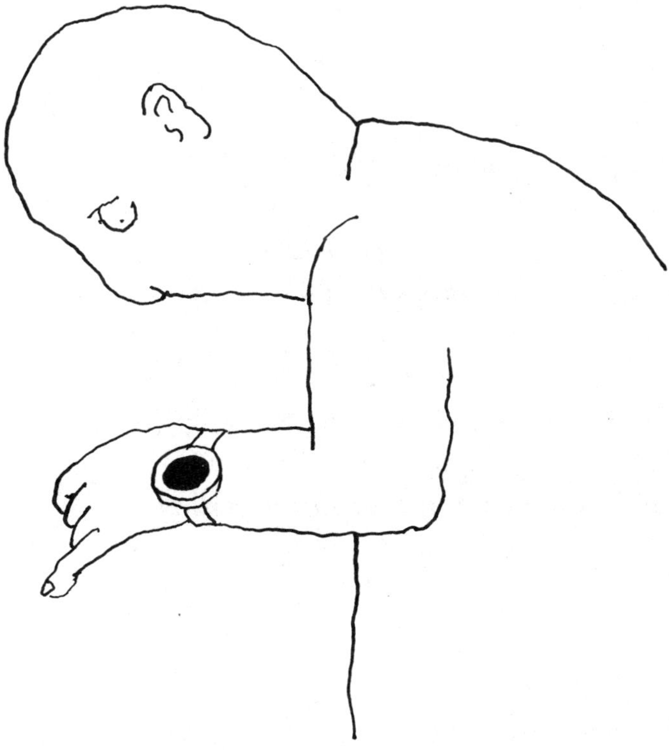

Sand

Wer das Irdische durchschaut,
weiß, er hat auf Sand gebaut.
So sucht man bis zur letzten Stunde
vergeblich nach dem festen Grunde.

Hämmern

Die Gefühle hämmern
an des Bewußtseins Tür,
wollen Gedanken werden,
suchen die Worte dafür.
Es kommen die rechten Worte
mir nicht in den Sinn.
So wird es weiter hämmern,
bis ich behämmert bin.

A)

Die durch die Wälder hampeln,
in Fitness-Studios strampeln,
die mit dem Schicksal feilschen
um ein Extra-Lebensweilchen.

B)

Die fressen und die saufen,
keinen Meter zuviel laufen,
die faulen Kneipengänger,
die leben oftmals länger.

Unheil

Wenn alles leicht und glatt geht,
das Unheil auf der Matt' steht.

Ablenken

Ablenken statt Denken,
hat man die Wahl?
Das erste ist Leben,
das zweite Qual.

Meistens

Man isst, man trinkt,
man pinkelt, kackt,
man vermehrt sich,
meistens nackt.
Man freut sich, leidet,
fürchtet, hofft,
man strebt, macht Fehler,
meistens, oft.
Man lernt, man schafft,
man ist nicht dumm,
erträgt sein Schicksal,
meistens stumm.
Doch immer öfter,
c'est la vie,
erscheint dir alles
déjà-vu.
Man ist enttäuscht,
man wollte mehr.
Es fehlt die Demut,
meistens sehr.

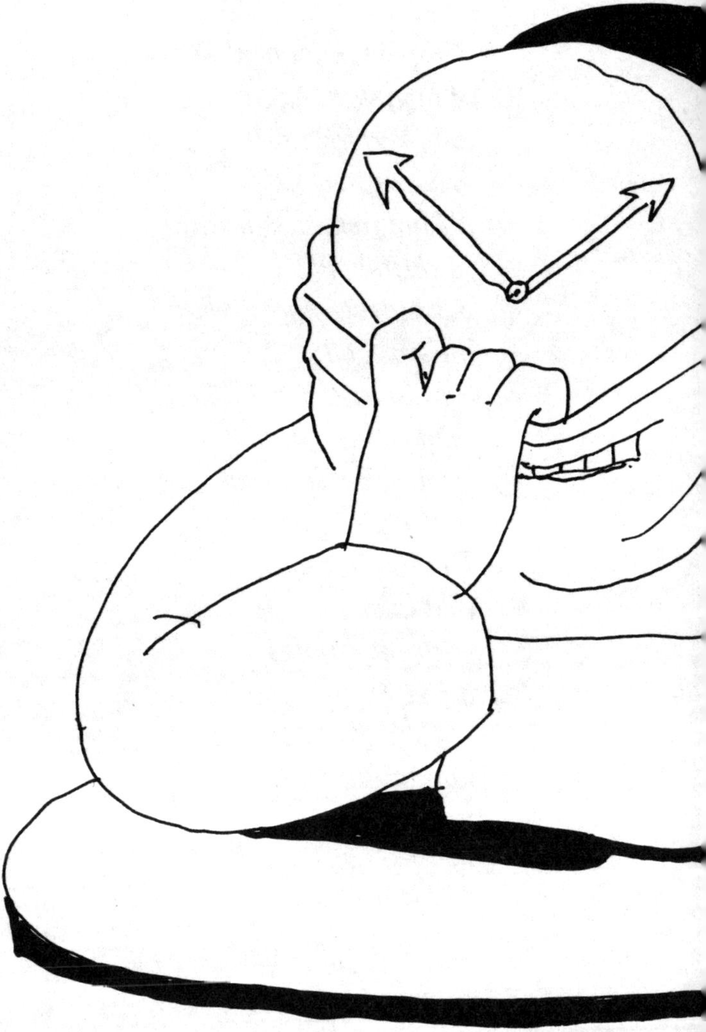

Geschenkt

Hab den liebsten Freund begraben.
Der da oben wollt ihn haben.
Soll ich den Himmel preisen wie die Frommen?
„Der Herr hat's gegeben, der Herr hat's genommen!"
Geschenkt ist geschenkt, könnte man meinen.
Stattdessen Trauer, Wehmut, Weinen.

Bald!

Man sieht in den Spiegel,
und auf einmal ist man alt.
Man zählt seine Jahre,
und da weiß man, bald.

Endlich

Endlich älter, endlich klüger.
Endlich nicht mehr Selbstbetrüger.
Endlich nicht mehr Leistungsträger.
Endlich nicht mehr Schürzenjäger.
Endlich nicht mehr Eindruck schinden.
Endlich nicht mehr Angst empfinden.
Von allen Mühen uns befreit
endlich nur die Endlichkeit.

Was mir gefällt
(frei nach Theodor Fontane)

„Du fragst, ob mir in dieser Welt
überhaupt noch was gefällt?
Du fragst, und lächelst spöttisch dabei.
Lieber Freund, mir gefällt noch allerlei“:

Frische Semmeln mit Butter bestrichen.
  Eine alte Rechnung endlich beglichen.
Selbstvergessen Nase bohren.
  In Schränken räumen und rumoren.
Erdbeerkuchen mit einem Schlag Sahne.
  Gelegentlich auch ein Gedicht von Fontane.
Das Eingeschmeichel meiner Katze.
  Pralinen essen, bis ich platze.
Spanische Hengste in schönen Piaffen.
  Im Kölner Zoo die Menschenaffen.

Ein alter Western mit John Wayne.
Humphrey Bogart in „Schicksal der Caine".
Von Elvis Presley „Love Me Tender",
„Jailhouse Rock", „Return To Sender".
Friedlich grasende Angus-Rinder.
Der seltene Anruf meiner Kinder.
Dies und das fällt mir noch ein.
Doch lass ich hier das Dichten sein.

„Du sagst es!"
Ein Dialog
in Gedichten von
Robert Pütz
und Zeichnungen
von ***Tomi Ungerer***

Gedichtbände „Du sagst es!" und „Es ist, wie es ist." –
Hörbuch „Des Lebens Würze"
erschienen im Verlag der
Buchhandlung Walther König